# ALAIN BLANCHARD,

*Citoyen de Rouen,*

## TRAGÉDIE,

*Par A. Dupias (de Rouen.)*

*Paris,*

PONTHIEU, LIBRAIRE, AU PALAIS ROYAL,

*Rouen,*

NICÉTAS PERIAUX JEUNE, IMPRIMEUR-LIBRAIRE,
RUE DE LA VICOMTÉ, N° 55.

FRÈRE, LIBR., RUE GRAND-PONT.

＃ ALAIN BLANCHARD,

*Tragédie.*

## PARIS,

Ponthieu, libraire, au Palais-Royal.
Sautelet et Cᵉ, libraires, rue Vivienne.

## ROUEN,

Nicétas Periaux jeune, imp.-lib., rue de la Vicomté.
Frère, libraire, rue Grand-Pont.

# Alain Blanchard.

......................... Ah! plutôt expirer
Qu'empêcher un anglais de se déshonorer!

Act. III. Sc. VI.

# ALAIN BLANCHARD,

## CITOYEN DE ROUEN,

## TRAGÉDIE EN TROIS ACTES,

PAR M. DUPIAS FILS, DE ROUEN;

REPRÉSENTÉE POUR LA PREMIÈRE FOIS, A ROUEN, LE 27 SEPTEMBRE 1825;

ET A PARIS, SUR LE SECOND THÉATRE FRANÇAIS,
LE LENDEMAIN 28.

> Dulce et decorum est pro patriâ mori.
> HORACE.

## ROUEN,

Imprimerie de Nicétas Periaux jeune,

RUE DE LA VICOMTÉ, Nº 55.

1826.

# Aux Rouennais.

---

Debelloy fit hommage à Louis 14 de sa Tragédie du Siége de Calais; c'était l'offrir à la France. Mon Alain Blanchard, plus historique qu'Eustache St-Pierre & non moins grand, vous appartient. Favorablement accueilli par vous, j'obéis à ma reconnaissance, & vous le dédie.

Dupiax.

# ALAIN BLANCHARD.

# PERSONNAGES.

ALAIN BLANCHARD, *Chef militaire des bourgeois.*
GUI LE BOUTEILLER, *Gouverneur de Rouen.*
ÉDOUARD, *fils de Gui.*
ALFRED.
EXCESTER, *Ambassadeur anglais.*
LIVET, *Grand-Vicaire de l'Archevêque de Rouen.*
WARWICK, *Anglais.*
ARTHUR, *Officier parlant.*
CATHERINE, *fille de Charles VI, Roi de France.*
Notables, Chefs militaires, Peuple.
Garde de la Princesse.
Garde anglaise.

(La scène est à Rouen, dans le palais du Gouverneur, en 1418.)

# ALAIN BLANCHARD,

## TRAGÉDIE.

## SCÈNE PREMIÈRE.

#### GUI, seul.

Quelle importune voix, malgré tous mes efforts,
Et m'agite et me trouble?...Est-il donc des remords?...
Tu prétends t'élever, et tu connais la crainte!...
D'une indigne pitié ton cœur ressent l'atteinte,
Gui!... Rampe, ou sans retour étouffe ces accens
Etrangers aux mortels nés pour être puissans!
L'Anglais est obéi. D'effroyables abîmes,
Sous le pont écroulé, dévorent mes victimes :
Quel calme a succédé!... Silence des tombeaux,
Que me présages-tu?.. Quel terme à tant de maux?..
Blanchard vit-il encor?.. Vivrait-il?.. O vengeance!
Ne m'aurais-tu permis qu'une vaine espérance?
Tourmens des criminels, que vous êtes affreux!...
Je perds jusqu'à l'espoir, seul bien des malheureux!

( Pause prolongée ).
Qu'ont produit mes forfaits ?... Esclave d'Isabelle,
Agent du Bourguignon à son prince infidèle,
Jaloux d'un plébéïen qu'illustre sa valeur,
J'ai tout fait pour l'abattre, et j'accrois sa grandeur !
S'il vit, je meurs flétri... Sa puissance est extrême !..
Ce Blanchard que je hais règne sur mon fils même !

## SCÈNE II.

GUI, ÉDOUARD, ARTHUR, et quelques Soldats.

ÉDOUARD.

Mon père !...

GUI.

Eh bien ?...

ÉDOUARD.

Grand Dieu !

GUI.

Parle sans t'émouvoir.
J'interroge un soldat ; réponds, c'est ton devoir.
Que vient-il d'arriver ?

ÉDOUARD.

Je vous quitte, et m'étonne
Du nombre de guerriers qui soudain m'environne.

Chacun vole à son poste, et je vois dans nos rangs
De généreux vieillards, d'intrépides enfans,
Qui sans doute oubliant la faiblesse de l'âge,
Ou plutôt n'écoutant que leur noble courage,
De la lance pesante avaient armé leurs bras,
Et brûlaient avec nous d'affronter les combats !
O noms sacrés de roi, d'honneur et de patrie !
Quel est votre pouvoir sur une ame ennoblie !
Des femmes n'ont pas craint de revêtir l'acier
Et de meurtrir leur front des casques du guerrier !
L'une, près d'un époux, et l'autre, près d'un père,
S'essayaient à lancer la flèche meurtrière.
Vous êtes trop vantés, ô temps républicains !
Temps fameux de la Grèce, et vous, fastes romains,
Qu'offrez-vous de plus beau que ce trait héroïque ?
Rouennais ! c'est à vous la couronne civique !
De ces monts illustrés par le camp des Césars,
Dailly, vous le savez, protège nos remparts ;
Déjà même vers lui le monarque insulaire,
Avait fait avancer son élite guerrière :
Dépeuplé de soldats, son camp était à nous,
Et peut-être lui-même eût tombé sous nos coups :
Blanchard vole ; on le suit : la rive était déserte.
Malheureux ! sur ses pas ils couraient à leur perte !
Il a franchi le pont : vingt mille Rouennais
S'élançaient, dévorés du besoin des hauts faits ;
Quand tout-à-coup, ô Ciel ! épouvantable scène !
Ce pont s'ébranle, croule, et, de l'onde inhumaine
Couvert, il s'engloutit !... tout un peuple avec lui !
Dix mille ne sont plus !!!.. Sans suite, sans appui,

Mais au péril encor mesurant son courage,
Blanchard, le glaive en main, insulte à l'esclavage.
Il défiait l'Anglais ! Soudain, d'horribles cris
De son coursier craintif raniment les esprits ;
Il l'emporte à travers une onde mugissante,
Que lui-même il rougit d'une écume sanglante,
Et, malgré mille traits qui sillonnent les flots,
L'arrache au froid abîme où dorment nos héros.

GUI.

Blanchard vit !

ÉDOUARD.

Oui. Le Ciel, ami de la patrie,
Pour la sauver, peut-être, a conservé sa vie.

GUI.

Édouard !.. laisse-moi. Qu'Alfred vienne.

ÉDOUARD.

Seigneur !

GUI.

Sors.

ÉDOUARD.

Mais on vous soupçonne ; il y va de l'honneur !

##### GUI.

Préviens Alfred, te dis-je.

## SCÈNE III.

#### GUI, Gardes, ARTHUR à leur tête.

##### GUI.

En est-ce assez?.. Que faire?
Seul espoir de Henri, m'en voilà tributaire !
Moi qui le protégeais, moi qui fus son appui,
Il me faut l'implorer, ou je tombe aujourd'hui !
Fatale vérité !... C'est en vain que le crime
Sous les pas du Français croit entr'ouvrir l'abîme ;
Plus fier dans le malheur, il semble se grandir,
Et défier les Cieux de pouvoir l'asservir !

( Aux gardes ).

Arthur !... Sortez. Ami dont j'éprouvai le zèle,
Viens, j'en attends encore une preuve nouvelle.
Par les secrets détours à tes pas familiers,
Vole au camp de Henri : dis-lui que nos guerriers,
Fatigués de leurs maux, prêts à tout entreprendre,
Jusqu'au dernier soupir jurent de se défendre ;
Que Blanchard vit encor, qu'il vit, et qu'en ses mains
De lui-même et de moi reposent les destins ;
Que, des murs de Paris, Catherine elle-même,
Catherine, promise à son amour extrême,
Trompe aussi son espoir, et ne vient en ces lieux
Que pour servir son frère et de vils factieux.
Ne perds point un instant ; cours.... On vient !...

## SCÈNE IV.

**BLANCHARD, GUI, ALFRED, Chevaliers.**

BLANCHARD.

Point de larmes !
Tant de nobles trépas s'effacent par les armes.
Ils demandent vengeance et l'obtiendront !.. Amis,
Que tous nos citoyens, par vos soins réunis,
Renaissent à l'espoir. Faites leur bien connaître
Qu'ils tombent invaincus et victimes d'un traître ;
Qu'à ses coups échappé, je vis pour les venger,
Et ne courberai point sous le joug étranger.
Mon fils a succombé ! mais digne de son père ;
Et ses lauriers, du moins, consoleront sa mère.
Allez; prévenez-la qu'il lui reste un époux ;
Je redoute ses pleurs, et me dois tout à vous :
Que le Conseil s'assemble, et que cette journée
Décide, par sa voix, de notre destinée.

( Les Chevaliers sortent ).

France ! sur tes périls je ne puis m'abuser ;
Je les vois : ce jour peut nous perdre et t'écraser ;
Je le sais, mais aussi, comptable à sa patrie,
Je sais que tout Français croit lui devoir sa vie ;
Qu'il brûle de l'offrir, et, pour la liberté
Que s'il tombe, il renaît à l'immortalité !

ALFRED.

Non ! ce n'est point en vain, Blanchard, que tu l'espères :
Et cet horrible jour achève nos misères.

#### BLANCHARD.

Tu m'étonnes, Alfred !... Gouverneur, il est tems
D'étouffer entre nous de honteux différends.
Qu'un intérêt sacré tous les deux nous rassemble ;
Commandez, j'obéis : dès ce jour l'Anglais tremble.

## SCÈNE V.

#### Les mêmes, ÉDOUARD.

#### ÉDOUARD.

Entendez-vous ces cris d'un peuple renaissant ?
Livet, nos députés arrivent à l'instant ;
Mais, ce qui dans nos cœurs ranime l'espérance,
Catherine les suit. Cette fille de France,
Cette fille, des rois auguste rejeton,
Pour palais, de Blanchard demande la maison.
Tout un peuple la suit ; venez, venez, mon père !

#### ALFRED.

Vous méritez l'honneur qu'elle daigne vous faire.

#### BLANCHARD.

Que dis-tu ?... Mes amis ! de cet insigne honneur,
Vous tous, bien plus que moi, méritiez la faveur.
Venez ; sous l'humble toit qu'illustre sa présence
Offrons-lui pour sa cour les soutiens de la France.
Mais, que vois-je ? Elle-même !..

## SCÈNE VI.

LIVET, LES PRÉCÉDENS, CATHERINE, précédée des
Chevaliers et des Notables.

**BLANCHARD**, allant au-devant de Catherine.

Intrépides guerriers,
Sur la fille des Rois levez vos boucliers !
Que ce rempart d'airain, offert à la tempête,
Préserve de la foudre une aussi chère tête !
Catherine a daigné réclamer nos secours ;
Nous, jurons, contre tous, de protéger ses jours !...

**CATHERINE.**

Livet n'a pu tromper ni la cour, ni mon père :
Je reconnais Blanchard... Salut, ô jour prospère !
( Aux Chevaliers, au Peuple ).
Je renais parmi vous !... Tremblez, vils factieux !
J'ai retrouvé la France : elle est toute en ces lieux !
Ecoutez de vos Rois la déplorable fille :
Sans doute il m'est affreux d'accuser ma famille ;
L'opprobre de mon sang rejaillit sur mon front,
Mais j'espère bientôt en effacer l'affront.
Quand Philippe et les siens, du trône de mon père
Offrirent une part au superbe insulaire,
Qu'au sein de leurs foyers appelant l'étranger,
Ils espéraient par lui s'affranchir du danger,
Ils ne prévoyaient pas qu'ébloui de sa gloire,
Henri voudrait alors poursuivre sa victoire,

Et

## ACTE I, SCÈNE VI.

Et que bientôt en maître il dicterait des lois
A ces vils déserteurs du parti de nos Rois.
On l'appelle, il accourt : et nos villes séduites,
Nos remparts désarmés, nos phalanges détruites,
De nombreuses cités vides de citoyens,
Lui permettent déjà d'effrayer ses soutiens.
On tremble ; il est trop tard. Vers Lutèce flétrie
Volent les députés de la fière Neustrie.
Vain espoir ! Cependant des secours sont promis ;
Mais Philippe et la Reine et les grands, interdits,
Inquiets d'un pouvoir qui passe leur puissance,
Par la séduction préparent leur vengeance ;
Et c'est à moi, grand Dieu ! qu'ils l'osent confier !
C'est moi que près de vous ils peuvent envoyer !
Mais, peuple, je n'y viens que pour sauver un père,
Pour créer des appuis à mon malheureux frère,
Pour finir votre honte et la mienne et nos maux,
Pour déjouer, enfin, de perfides complots !
Mon projet est hardi, mais j'en puis tout attendre :
J'espère, et c'est assez pour oser l'entreprendre.

### GUI.

Madame, cependant les ordres que voici
Prescrivent votre hymen et couronnent Henri.

### CATHERINE.

Vous osez !...

### GUI.

J'obéis.

CATHERINE.

     Au joug de l'Angleterre
Mon hymen transmettrait le sceptre de mon père !
Mais je vous connaissais ; et Philippe, de Gui
Se devait ménager les secours et l'appui !

GUI.

Mon devoir...

CATHERINE.

     T'imposait de sauver ta patrie !
Et tout autre l'eût fait, aidé de la Neustrie !

GUI.

Ne craignant que pour moi les caprices du sort,
J'en préviendrais l'affront par une belle mort.

BLANCHARD.

Faites moins, Gouverneur ! digne de votre place,
D'un peuple de héros servez la noble audace ;
Eh ! sans voir de si loin des malheurs incertains,
Armez-vous, et le Ciel règlera nos destins !

GUI.

Mais quand notre valeur inutile et funeste
Peut de nos citoyens détruire ce qui reste,
Est-ce aimer son pays, est-ce chérir ses Rois,
Qu'abjurer la prudence et mépriser ses lois ?

## ACTE I, SCÈNE VI.

Alors que divisés par l'affreuse anarchie,
Nous-mêmes déchirons notre triste patrie ;
Qu'en butte à des partis tour-à-tour triomphans,
Tour-à-tour signalés par des arrêts sanglans,
Nous creusons de nos mains le tombeau de la France,
Pour elle, désormais, que peut notre vaillance ?
Je consens à me taire, à ne vous plus parler
Des malheurs qui sur nous semblent s'amonceler.
Par delà ces remparts tout pour moi cesse d'être ;
Nos périls sont les seuls que je veuille connaître,
Madame; ainsi que vous, je puis être abusé,
Ne plus voir Charles Six lâchement écrasé,
Ni ces princes jaloux, ni cette Reine altière
Qui d'un époux vivant semble être l'héritière,
Ni ces nombreux partis, de l'Etat destructeurs,
Puisqu'enfin loin de nous existent ces malheurs !
Mais puis-je, sans frémir et d'un regard tranquille,
Voir ces nouveaux apprêts d'une guerre inutile ?
Qu'osez-vous entreprendre? et, parmi des tombeaux,
Pourquoi vouloir encore en creuser de nouveaux ?
O scène épouvantable et digne de mémoire !
Quels tableaux déchirans vous léguez à l'histoire !
Voyez-les, ces guerriers, se traîner à pas lents,
Disputer à la mort quelques affreux momens !
Voyez ceux qu'a frappés la flèche meurtrière,
Sans secours, sans espoir, étendus sur la terre,
Epuisés par la faim, invoquer le trépas,
Se l'entredemander et ne l'obtenir pas !
Ces chefs et leurs soldats, le front pâle et livide,
S'arracher les lambeaux d'une chair homicide !

Ces vieillards égarés, chancelans, l'œil hagard,
Promener incertain leur effrayant regard !
Rien ne peut ranimer leur languissante vie :
Ils tombent, et sans fruit meurent pour la patrie !
Partout règne l'effroi, partout s'offre à mes yeux
De nos maux sans espoir le spectacle odieux !

### CATHERINE.

Gui, m'éclaircirez-vous cet horrible mystère ?
Des convois, je le sais, ont touché cette terre ;
Que sont-ils devenus ?

### GUI.

Surpris par l'ennemi...

### ALFRED.

Surpris !... Mais, réponds-moi, qui l'avait averti ?
Qui seconde l'Anglais ? qui protège ses armes ?
Qui sème et, parmi nous, entretient les alarmes ?
De ces doutes affreux il nous faut éclaircir !
Il faut parler enfin, il faut...

### BLANCHARD.

Il faut agir.
Qu'importent ces complots, peut-être imaginaires ?
Des armes ! et vengeons le trépas de nos frères !
Le repentir souvent a créé des héros ;
Rechercher un coupable est aggraver nos maux !

## ACTE I, SCÈNE VI.

S'il en est, qu'il me suive aux plaines de la gloire !
Vainqueur, il est absous des mains de la victoire.
Pourquoi nous abuser ? Oui, l'affreux avenir
Ne nous présente plus que l'honneur de mourir.
Laissons finir le jour : quand la nuit salutaire
De son crêpe funèbre aura voilé la terre,
Que les sons de l'airain marqueront le repos,
Que ce moment pour nous soit l'instant du héros !
Par nos soins réunis que l'enfance inutile,
Nos femmes, nos vieillards s'éloignent de la ville.
Tout cruel qu'est l'Anglais, peut-être, en leurs malheurs,
Saura-t-il respecter ces victimes en pleurs.
Espérons leur salut de leur propre faiblesse.
Mais qu'au milieu de nous demeure la Princesse ;
Seuls nous devons veiller... Que dis-je, et dans ces lieux
N'est-ce point exposer des jours si précieux ?
Qu'allais-je proposer !

### CATHERINE.

Ce que l'honneur inspire,
Ce qu'à défaut de vous peut-être allais-je dire.
Poursuivez.

### BLANCHARD.

O vertu digne d'un meilleur sort !
D'un cœur vraiment royal magnanime transport,
Vous enflammez le mien ! Oui, j'oserai poursuivre,
Oui, nous vivrons sans tache ou cesserons de vivre !
Amis, n'écoutons plus qu'une sainte fureur !

Ce noble désespoir est permis à l'honneur.
Si nos murs à l'Anglais sont vendus par un traître,
Qu'avec nous, cette nuit, ces murs aient cessé d'être;
Sous leurs débris fumans fussions-nous abîmés,
Qu'avant d'être soumis ils tombent enflammés;
Qu'à la faveur des feux de notre ville en cendre,
Le cri de nos guerriers soudain se fasse entendre,
Et que, par cette nuit, tous immortalisés,
Ou soient victorieux ou tombent écrasés !

## SCÈNE VII.

### Les mêmes, ARTHUR.

#### BLANCHARD.

Arthur, que voulez-vous ?

#### ARTHUR.

Au nom du Roi son maître,
Et comme ambassadeur s'étant fait reconnaître,
Lord Excester demande à paraître en ces lieux.

#### BLANCHARD.

De pareils envoyés sont toujours dangereux.
Couverts d'un nom sacré que le peuple révère,
Ils démentent souvent leur noble caractère.
Repoussons celui-ci.

#### LIVET.

Qu'importent ses discours

A qui peut les braver et le pourra toujours?
Ainsi que vous, Blanchard, prêt à tout entreprendre,
Je ne vois nul danger à l'admettre, à l'entendre,
Et je crois imprudent d'ignorer ses projets.

### BLANCHARD.

Vous le voulez. Eh bien! écoutons cet Anglais.
Cependant préparons cette nuit tutélaire,
Et que des feux du jour l'étincelle première,
Aux flammes de nos murs unissant sa clarté,
Consacre tout un peuple à l'immortalité.

### GUI, à Alfred.

Demeure.

## SCÈNE VIII.

### GUI, ALFRED.

### ALFRED.

Que veux-tu?

### GUI.

Demeure; il faut m'entendre:
Quelle est ton espérance? et qu'oses-tu prétendre?
Où t'entraînait, dis-moi, cette étrange frayeur?

### ALFRED.

D'une affreuse clarté ce jour frappe mon cœur.

Tant de sang répandu, tant d'illustres victimes,
Tant d'horreurs, de complots et d'effroyables crimes,
Ne me laissent plus voir, dans ceux que j'ai servis,
Que de lâches Français, bien plus nos ennemis,
Bien plus cruels pour nous que ne l'est l'insulaire.
J'abjure leurs complots. Vous-même...

### GUI.

Téméraire !
Eh quoi ! ne sais-tu pas que tous deux, en ce jour,
Nous sommes, malgré nous, entraînés sans retour ?
Henri sait tout : bientôt Excester va paraître ;
Bientôt il va frapper ce perfide, ce traître,
Ce superbe Blanchard, cet indigne rival,
Cet obscur plébéïen qui marche mon égal.
Ce retour de Livet ébranle-t-il ton ame ?
J'attendais des guerriers, il amène une femme !

### ALFRED.

Cette femme est la fille et la sœur de nos Rois !
On menace les siens. Du plus sacré des droits,
Qu'ose mettre en oubli son implacable mère,
On voudrait dépouiller Charles, Charles son frère !
A peine elle a touché notre premier rempart,
Elle nomme, elle cherche, elle appelle Blanchard !
Pensez-vous qu'un tel soin parte de sa tendresse ?
Et d'une amante, enfin, montre-t-il la faiblesse ?

### GUI.

Eh bien ! tu fuiras donc au moment du danger ?

Quand

## ACTE I, SCÈNE VIII.

Quand ton ami peut craindre, il te verra changer!
Je pourrais applaudir à cet élan sublime,
S'il te rendait l'honneur, s'il t'arrachait au crime,
S'il pouvait au passé ne point te rappeler,
Si pour tous, en ce jour, tu pouvais t'immoler;
Mais, que peut au salut d'une ville hautaine
Cet oubli de toi-même où la vertu t'entraîne?
Sa perte est assurée, et cet astre éclatant
Peut-être éclairera son juste châtiment.
Oui, juste : comme toi, j'aime cette patrie;
Mais, Alfred, je la sers, et ne l'ai point trahie!

### ALFRED.

Est-ce toi que j'entends? Mais réponds : sans horreur
Peux-tu bien consulter, interroger ton cœur?
Tu ne l'as point trahie! et c'est à ton complice
Que tu tiens ce discours plein d'un lâche artifice!
Qu'as-tu donc fait, alors que ton ordre inhumain
A ces convois sacrés a fermé le chemin?
Quand toi, des Rouennais qui devais être père,
Loin d'alléger leurs maux, aggravais leur misère,
Les privais de secours, et, gorgé de leurs biens,
T'abreuvais du pur sang de tes concitoyens!
Que calme, tu semblais, au milieu des alarmes,
Goûter l'affreux plaisir de voir couler des larmes?
Tu ne l'as point trahie!!! et tes avis secrets
Ont peut-être immolé des milliers de Français!
J'ai pu te seconder! Ciel, punis tant de crimes!
Entends l'auguste voix de nos tristes victimes!
Que, du sein des tombeaux, s'élèvent jusqu'à toi

Leurs cris accusateurs qui me glacent d'effroi !
Arme ton bras vengeur, et puisse ton tonnerre
De mes pareils flétris purger enfin la terre !
Quoi ! coupable un instant, il faudrait désormais
Malgré moi consentir à de nouveaux forfaits,
Ou voir tomber ma tête !... Au fer de la vengeance,
Alfred, livre plutôt ta coupable existence;
Meurs ! renais à l'honneur par un noble trépas !...
L'honneur !... qui l'a perdu, ne le retrouve pas.

### GUI.

Alfred, il est trop vrai, cesse de croire encore
Qu'en tombant en héros ce trépas nous honore :
Par la pente du crime entraînés sans retour,
Le triomphe peut seul nous absoudre en ce jour.
Henri qui de nos soins conserve la mémoire,
Peut couvrir notre nom ou d'opprobre ou de gloire ;
Tremblons ! Et ne pouvant échapper à ses coups,
Ne nous exposons point à son juste courroux.

### ALFRED.

Bien plus que son courroux redoutez l'infamie !
Vous le pouvez encor, sauvez votre patrie :
Méprisez de Henri la puissance et l'éclat,
Et, pour l'anéantir, redevenez soldat.
Que la haine dans vous ne soit point la plus forte :
Qu'un intérêt sacré sur le vôtre l'emporte,
Et si d'Alain Blanchard la vertu vous confond,
Par la vôtre en ce jour faites pâlir son front ;

## ACTE I, SCÈNE VIII.

Arrachez à ses mains les palmes de la gloire,
Ou du moins avec lui partagez la victoire.

GUI.

Il usurpa mon rang.

ALFRED.

Il combat en héros.

GUI.

Il a séduit le peuple.

ALFRED.

Il a calmé ses maux.

GUI.

Ton repentir t'abuse.

ALFRED.

Ah! dites qu'il m'éclaire.

GUI.

Ta main creuse ta tombe!

ALFRED.

En quittant cette terre,
Des crimes expiés tiennent lieu de vertus!

GUI.

Si nous étions vainqueurs!

ALAIN BLANCHARD,

ALFRED.

Quand nous serions vaincus!

GUI.

Eh bien! à nos tyrans va présenter ta tête!
Sous le joug odieux qu'un Blanchard nous apprête
Courbe-toi : donne à tous l'exemple d'obéir!
Par excès de vertu hâte-toi de trahir
Et la Reine et le Duc, tes sermens et moi-même!
Prive-toi, j'y consens, de cet honneur suprême
Qui, te justifiant, t'allait récompenser ;
Dans de honteux liens, cours, vole t'enlacer ;
Soumets-toi bassement aux ordres despotiques
De ces vils plébéïens dont les cœurs anarchiques,
Bientôt, à découvert pouvant se laisser voir,
T'apprendront ce que peut un absolu pouvoir.
Déserteur d'un parti que poursuit leur vengeance !
L'ignorent-ils? Crois-tu, s'ils commandaient la France,
Qu'ils pussent pardonner aux partisans secrets
D'Isabeau, de Philippe, et surtout des Anglais ?
Souviens-toi de Gaucour, de sa funeste histoire :
A-t-elle pu sitôt sortir de ta mémoire ?
Par le même poignard qui déchira son sein,
Crains, mais trop tard alors, de reconnaître Alain!

ALFRED.

Tu m'oses de Gaucour rappeler le supplice!
Toi, son imitateur! toi, son lâche complice!

Toi qui, semblable à lui, ministre des tyrans,
Au cruel Bourguignon as vendu tes sermens !
Plus que moi, de ce fer qui frappa le perfide
Crains les coups, et surtout crains le bras qui le guide,
Et d'Artevel, enfin, trop digne successeur,
Vois ton nom, joint au sien, redit avec horreur !

### GUI.

Tu te perds ! Mais réponds : loyal dépositaire
De secrets confiés, promets-tu de les taire ?
Dis, me le promets-tu ?

### ALFRED.

    Je jure entre tes mains
De servir mon pays contre ses assassins !
Adieu !

## SCÈNE IX.

### GUI, seul.

( Une pause ).
  N'hésitons plus ; une main étrangère
Pourrait, en le frappant, me devenir contraire ;
Moi seul !.. Tremble, perfide !.. Utile à mes projets,
Ton vil sang répandu va payer tes forfaits.

**FIN DU PREMIER ACTE.**

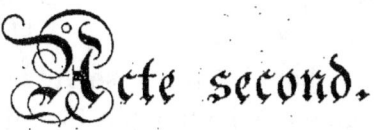

## SCÈNE I.

#### BLANCHARD, ÉDOUARD.

##### BLANCHARD.

Non, ta gloire, en ce jour, ne peut être flétrie,
Et ton malheur accroît l'amitié qui nous lie.
Quel ingrat oserait entacher ta vertu ?
Sur mes pas, chaque jour, tout un peuple t'a vu.
Ton sang coula pour lui : fier de tant de courage,
Il t'offre pour modèle aux guerriers de ton âge.
Plains ton père, Édouard, ne le redoute pas :
Malgré lui nous volons à de nouveaux combats,
Malgré lui nous vaincrons ! Loin des bords de la France,
L'Anglais peut, en fuyant, lui rendre l'innocence.

##### ÉDOUARD.

Lié par des sermens, mon père ne peut plus,
Esclave des partis, renaître à ses vertus ;
Mais Alfred a parlé.... Ce remords qui l'éclaire,
Et le sauve et l'absout... Qui sauvera mon père ?...

### BLANCHARD.

Toi !... N'est-ce pas son sang qui fait battre ton cœur ?
Parle-lui ; que ta voix le rappelle à l'honneur.
L'Anglais triomphat-il, quelle serait sa gloire ?...
Pense-t-il échapper à l'inflexible histoire ?
Croirait-il la tromper ?... On ne l'abuse pas !
Du faible elle est l'appui... Juge des potentats,
Au tems qui les réclame elle transmet la vie,
Ou brillante de gloire, ou d'opprobre flétrie.

### ÉDOUARD.

Je l'attends.

### BLANCHARD.

Edouard, espère !.. On vient.

### ÉDOUARD.

            C'est lui !

### BLANCHARD.

S'il est sourd à ta voix, il te reste un ami.

# SCÈNE II.

### GUI, ÉDOUARD.

*GUI, dans le plus grand désordre.*

Alfred n'est plus !... Mon bras...

## ACTE II, SCÈNE II.

ÉDOUARD.

Quelle peine secrète
Vous émeut à ce point ?...

GUI.

Eh bien ! tout m'inquiète.
Oui, s'il faut l'avouer, j'ai hâte de savoir
Tout ce qu'imprudemment on me laisse entrevoir.
Que veut-on ? Réponds-moi : quelle est votre espérance ?

ÉDOUARD.

Catherine a juré le salut de la France.

GUI.

Pour affranchir nos murs et pour sauver nos Rois,
Blanchard est le mortel dont sans doute on fait choix ?

ÉDOUARD.

En ce jour solennel, en ce moment suprême,
Blanchard dut s'élever au-dessus de lui-même ;
Jamais tant de grandeur...

GUI.

Malheureux ! que dis-tu ?
Est-ce à toi d'élever sa trompeuse vertu ?
Rien ne pourra-t-il donc éclairer ton courage ?

Et seras-tu toujours insensible à l'outrage ?
Eh quoi ! quand un perfide insulte à ta maison,
Qu'il outrage les tiens, qu'il avilit ton nom,
Qu'au mépris d'un pouvoir qu'il rend imaginaire,
Seul il commande aux lieux où gouverne ton père,
Semblable à ce vil peuple, objet de mes mépris,
Verrai-je contre moi s'armer mon propre fils,
Et, servant en aveugle un parti qui l'abuse,
Désavouer celui que sa conduite accuse ?

ÉDOUARD.

Que ma conduite accuse !.. Eh ! qu'ai-je fait ?.. Soldat,
Ne devais-je donc pas tout mon sang à l'État ?..
Je l'ai versé.... Blanchard éclaira ma vaillance,
Et je crus m'honorer par ma reconnaissance.
Citoyen, comme lui, méprisant les partis,
Je mis toute ma gloire à servir mon pays.
Mais je l'avoue, Alfred...

GUI.

                Alfred n'est plus à craindre ;
A défaut de ton bras, le mien a su l'atteindre,
Et son sang a lavé l'affront que j'en reçus.
Édouard, avec toi je ne me contrains plus :
Je crois qu'à ta valeur s'égale ta prudence,
Et veux bien t'accorder toute ma confiance.
Notre salut n'est plus dans le fer des combats ;
Victime des partis, sans armes, sans soldats,
Noble et superbe encor, même au pied de sa tombe,

Cette France, ô mon fils ! il faut qu'elle succombe !
Du Bourguignon vainqueur prisonniers enchaînés,
Des milliers de Français tombent assassinés !
L'enceinte du palais de Thémis outragée
Sert de vaste sépulcre à la foule égorgée !
La main d'affreux bourreaux, teinte encor de forfaits,
Touche et presse la main de nos Princes français ;
Et ces vainqueurs soumis à des chances contraires,
Demain joindront leur sang à celui de leurs frères.
On trompe, on est trompé : le monarque trahi
Seconde, à son insçu, l'un et l'autre parti.
Si quelquefois encore il renaît à lui-même,
Alors il gémira sur un peuple qu'il aime,
Et bientôt, en cédant à de lâches flatteurs,
Par des ordres surpris accroîtra nos malheurs !
Catherine elle-même, en ces murs amenée
Pour y serrer les nœuds d'un auguste hyménée,
Se refuserait-elle à d'aussi hauts destins,
Si du jeune Dauphin il servait les desseins ?
Et, par haine des siens, à leurs désirs contraires,
A-t-elle d'autre but que de venger son frère ?
Non, l'État ébranlé ne peut se soutenir,
Et c'est le protéger que d'oser l'asservir.

ÉDOUARD.

Asservir des Français !... Flétrir notre patrie !
Consentir à la voir sous le joug avilie !
Est-il bien vrai? mon père ; est-ce vous que j'entends ?
Pardonnez... Mais je doute, et de tels sentimens,
De tels pensers jamais n'entrèrent dans votre ame.

Vous m'éprouvez, sans doute.. Au zèle qui m'enflamme,
Peut-être avez-vous craint...

### GUI.

Tu m'as compris : et moi
Je vois jusqu'à quel point je puis compter sur toi ;
Mais je t'en ai trop dit, et ne veux plus me taire ;
Voyons tout ce qu'un fils osera contre un père !
Je déteste Blanchard, tu le sais ; mais l'affront
Que sa coupable audace imprima sur mon front,
Je le mépriserais, si l'État, si la France
Me prescrivaient l'oubli d'une mortelle offense.
Mais l'État et la France, à ma vengeance unis,
Semblent me demander raison de ses mépris.

### ÉDOUARD.

Seigneur, quand de vos mains vous armâtes la mienne,
Mon fils, me dîtes-vous, mon fils, qu'il te souvienne
Que sans honneur jamais tu ne dois t'en servir.
( La main sur son épée. )
Daignez donc la reprendre et ne pas l'avilir.
Mais, redites plutôt à mon jeune courage :
N'en fais, n'en fais jamais qu'un honorable usage.
Ce glaive à ton pays doit être consacré,
S'il n'ajoute à ta gloire, il est déshonoré !

### GUI.

Je t'offre des périls, et non pas de la honte :
Crois-tu que sans dangers ton père les affronte ?
Pour conserver nos lois, pour sauver mon pays,

## ACTE II, SCÈNE II.

J'ose encourir son blâme et braver son mépris.
Dans l'espoir incertain de sauver ma patrie,
J'expose un nom sans tache au sceau de l'infamie.
Penses-tu que plus haut on se puisse élever ?

ÉDOUARD.

Grand Dieu ! l'anéantir serait la conserver !
Seigneur ! au nom du Ciel, au nom de la Neustrie,
Vengez-la, sauvez-nous, ou m'arrachez la vie !
Je tombe à vos genoux ! Par pitié frappez-moi...
Je déteste l'Anglais... Frappez !..

GUI.

      Relève-toi,
Ingrat !.. Qu'entends-je ?.. on vient. Cet indigne adversaire,
Blanchard, peut-être, approche... Immole-lui ton père !
Ses bienfaits tant vantés méritent ce présent,
Et ton cœur ne peut moins, s'il est reconnaissant.
Va : cours le prévenir, sur les bords de l'abîme
Arrête et soutiens bien cette chère victime !
L'occasion est belle, il faut en profiter !

ÉDOUARD.

Que dites-vous ? ô Ciel ! qu'osez-vous m'imputer !
Je pourrais vous trahir ?...

GUI.

      Oui, je t'en crois capable :
Oui, fils dénaturé !

#### ÉDOUARD.

Doute affreux qui m'accable !

#### GUI.

Mais je le vois : eh bien ! ne diffère donc plus ;
Et par un si beau trait couronne tes vertus.

## SCÈNE III.

#### Les mêmes, BLANCHARD, ARTHUR.

#### BLANCHARD à Arthur.

Je ne vois point Alfred : allez, qu'on le prévienne,
Que partout on le cherche, et qu'à l'instant il vienne.
A tout accusateur on ne se doit fier
Qu'après que l'accusé l'a pu justifier.
    ( à Gui. )        ( Arthur sort. )
Gouverneur, d'un soldat excusez la franchise :
J'aurais trop à rougir d'une lâche surprise.
On dit que d'un traité vous flattez l'ennemi,
Et qu'en secret, enfin, vous secondez Henri.

#### GUI.

Que m'importent ces bruits ? Quoi ! d'une foule obscure
Les discours insensés me seraient une injure ?

#### BLANCHARD.

Ne peut-elle, Seigneur, en ces jours de danger,
Se plaindre enfin ?

## ACTE II, SCÈNE IV.

###### GUI.

Sans doute ! et non m'interroger.
Au conseil assemblé je saurai la confondre,
Mais jusque-là, du moins, je n'ai rien à répondre.

###### BLANCHARD.

Le voici qui s'approche.

###### GUI.

Exempt d'un lâche effroi,
J'occuperai le siège où m'a placé mon Roi.

## SCÈNE IV.

Les mêmes, CATHERINE, LIVET, Gardes.

###### CATHERINE.

Appelez Excester. Peuple assez magnanime
Pour oser vous fier au zèle qui m'anime,
Et de vos intérêts vous reposer sur moi ;
Protecteurs de l'Etat, vengeurs de votre Roi,
Ouvrez-moi votre cœur, le mien peut vous comprendre.

###### BLANCHARD.

Hors des murs seulement nous pouvons nous défendre.

###### LIVET.

Que franchir ces remparts soit notre premier soin !

Osons tout immoler à ce pressant besoin ,
Tous nos biens, s'il le faut, s'il le faut notre vie !
Echapper à ces murs c'est sauver la patrie.

### BLANCHARD.

Eh ! ce que vainement vous allez demander,
Peut-être cette nuit vous l'allait accorder.

### GUI.

Caen, Harfleur et Bayeux, Alençon et Coutance,
D'un vainqueur furieux ont connu la vengeance;
Madame, évitons-la : vaincus de toutes parts,
Quel guerriers désormais protègent nos remparts ?

### BLANCHARD.

Des Normands!!! que sept mois d'une horrible misère
N'ont pu soumettre encor au joug de l'insulaire.
Des fils, las de souffrir, las d'être malheureux,
Fiers de venger leur père ou de tomber comme eux.

## SCÈNE V.

### Les mêmes, ARTHUR.

### BLANCHARD.

Quoi ! seul ?

### ARTHUR.

Alfred n'est plus.

## ACTE II, SCÈNE V.

BLANCHARD.

Quelle main ennemie ?..

CATHERINE, montrant Gui.

Voilà son assassin !

GUI.

Oui, j'ai tranché sa vie.
Vous frémissez d'horreur, et je lis dans vos yeux
Le trop juste soupçon de crimes odieux !
Oui, vous êtes trahis ! Oui, lâche autant qu'impie,
Un traître à l'étranger livrait notre patrie ;
Parjure à son devoir, à la France, à son Roi,
Ce monstre...

CATHERINE.

Le voici !

GUI.

Quoi ! Madame.....

BLANCHARD.

C'est toi !

GUI.

C'en est trop ! Oubliant ton abjecte naissance,
Je veux bien par le fer te demander vengeance.

### BLANCHARD.

Tu ne l'obtiendras pas. Oui, je suis plébéïen ;
Mais, parjure à ton Roi, je ne te dois plus rien.

### CATHERINE.

Eh! je ne puis parler!... et Philippe, et ma mère,
Par ce qu'on doit aux siens me forcent à me taire !
Mais Alfred repentant, peuple, m'a tout appris,
Et voilà le plus grand de tous vos ennemis !

### GUI.

Seul je commande ici, Madame ; cette offense
Va par-delà les droits que donne la naissance ;
Et, sans nuire au respect qu'on doit au sang des Rois,
Je ne vois plus en vous la fille des Valois.
Qu'on assemble mes pairs, que mon accusatrice,
En prouvant mes forfaits, demande mon supplice,
J'y consens, je le veux : c'est à leur tribunal
Qu'à de vils délateurs je puis être fatal.
Eh quoi ! du peuple aussi le silence m'accuse ?
Ingrat ! même envers toi j'ai donc besoin d'excuse ?
Ecoute, et juge moi : pénétré de ton sort,
J'ai vu qu'un traité seul t'arrachait à la mort,
Et je l'ai demandé, non pas à l'insulaire,

( A Blanchard. )

Mais au Conseil, à toi, toi leur chef tutélaire !
Vous l'avez refusé : dix mille morts font foi
Qui servait mieux l'État, ou de vous ou de moi...
Prenez place : vers nous l'ambassadeur s'avance.

## SCÈNE VI.

Les mêmes, EXCESTER, WARWICK.

#### EXCESTER.

O Charles ! voilà donc ta dernière espérance !
Généreux citoyens ! vous qui, par vos revers
Et vos mâles vertus, étonnez l'univers ;
Vous qui, même à l'Anglais en cédant la victoire,
Seriez encor couverts d'une immortelle gloire ;
Vous, que n'ont pu dompter tant de fléaux unis,
Plus terribles cent fois que tous vos ennemis ;
Normands ! il est un terme où l'humaine faiblesse
Succombe avec orgueil et cède sans bassesse,
Un terme où le héros, plus grand par le malheur,
N'obéit qu'au destin, sans connaître un vainqueur.
Ce terme est arrivé.

#### BLANCHARD.

    C'est de notre patrie,
C'est du Roi qu'il s'agit, et non de notre vie.

#### EXCESTER.

Je vais donc me régler sur votre austérité,
Et n'adoucierai même aucune vérité.
Monarque fortuné de l'heureuse Angleterre,
Henri voulait la paix, sans redouter la guerre ;
Mais, jaloux d'hériter du bien de ses aïeux,
Plus jaloux d'illustrer un nom déjà fameux,

A qui l'en dépouillait, il crut, sans faire offense,
Pouvoir redemander le sceptre de la France.
Ses droits vous sont connus : il les fit proclamer;
Lui-même il vint, vous vit, et ne sut plus qu'aimer;
Madame, il était fier du bonheur de vous plaire;
Mais, ne pouvant trahir les droits de l'Angleterre,
Et lassé de l'orgueil d'un superbe voisin,
Il dut s'en affranchir en vous offrant sa main ;
Avec la Normandie et la riche Aquitaine,
Il dut redemander le Poitou, la Lorraine,
Et tous ces fiefs enfin par Philippe conquis,
Aux neveux de Guillaume injustement ravis.
On l'osa refuser! Cette imprudente offense,
Vous devait attirer sa trop juste vengeance.
Descendu sur vos bords, il y marche en vainqueur :
Tout succombe ou périt; maître à peine d'Harfleur,
Il s'avance, et bientôt sa puissance affermie
Domine les trois parts de l'altière Neustrie ;
Aux plaines d'Azincourt on l'ose attendre enfin,
Et ce jour de la France a fixé le destin.
En vain vous arrêtez sa marche triomphale ;
Vous n'échapperez point à votre heure fatale,
Et bientôt...

CATHERINE.

Excester, vous oubliez ici
Que vous n'êtes encor qu'envoyé de Henri.
Poursuivez ; mais bornez un discours qui m'offense,
Aux ordres dont le Roi vous a fait confidence.

### ACTE II, SCÈNE VI.

#### EXCESTER.

Daignez vous rappeler qu'en ces murs de douleurs,
Vous ne vîntes aussi que pour sécher des pleurs.
Aux volontés de Charle, aux désirs d'une mère,
Madame, plus long-tems cessez d'être contraire...
Vous, peuple, de Henri soyez sujets soumis...
Vous obtenez la paix, mais ce n'est qu'à ce prix.

#### CATHERINE.

Normands, vous l'entendez !

#### BLANCHARD.

Un Roi qui nous estime
Nous ose proposer le parjure et le crime !
C'est peu de nous ravir ce beau nom de Français,
Il veut, il veut encor que nous soyons Anglais !
Anglais !!! Retirez-vous ! c'est la seule réponse
Qu'on doive à ce traité que votre bouche annonce.

#### GUI.

Vous répondrez, Blanchard, d'un imprudent courroux
Qui dans l'abîme ouvert peut nous engloutir tous.

#### BLANCHARD.

Dans cet abîme ouvert tu crains peu de descendre ;
Regarde cet Anglais : il rougit de t'entendre !

### EXCESTER.

Je voulais épargner le sang prêt à couler,
Arracher aux bourreaux ceux qu'il doit immoler :
Vous ne le voulez pas ; que leur sort s'accomplisse !

### CATHERINE.

Que parlez-vous de sang, de bourreaux, de supplice?
La guerre, ce fléau destructeur des humains,
Ne peut-elle suffire à vos affreux desseins ?
Eh bien ! s'il vous convient d'accroître ses misères,
D'un étendart de mort flétrissez vos bannières ;
Préparez aux vaincus d'infâmes échafauds,
Dégradez vos soldats, faites-en des bourreaux ;
Mais osez nous combattre, et, par-delà nos portes,
Souffrez que, dès ce jour, s'élancent nos cohortes.

### BLANCHARD.

Oui, Seigneur, si Henri, digne de ses lauriers,
Ne reconnaît d'honneur que celui des guerriers,
S'il dédaigne un succès honteux à sa mémoire,
Dans nos champs, hors des murs, qu'il tente la victoire.
Nous sommes épuisés, j'en conviens ; mais, Milord,
Il nous reste à tenter un magnanime effort.
Pour vous-même, en ces lieux, la tombe est entr'ouverte :
Ces remparts écroulés vengeraient notre perte.
Au dernier désespoir ne nous réduisez pas,
Ou pour vous le triomphe est le jour du trépas.

## ACTE II, SCÈNE VI.

#### LIVET.

Heureux d'un abandon qui peut sauver la France,
Ces murs et tous nos biens sont en votre puissance ;
Demandez plus encor, vous l'obtiendrez soudain ;
Mais laissez-nous sortir les armes à la main.
L'osez-vous accorder ?

#### EXCESTER.

O peuple téméraire !
A tes secrets désirs je vais donc satisfaire.
Oui, je puis t'accorder, même au nom de Henri,
De joindre tes guerriers aux guerriers de Dailli ;
Mais le sang va couler ! Blanchard et deux victimes,
S'ils osent jusque-là se montrer magnanimes,
Te peuvent affranchir ; et, maître de sa foi,
Tout ce peuple, après eux, peut rejoindre son Roi.

#### CATHERINE.

L'Anglais n'a pu le vaincre, et l'Anglais l'assassine !

#### BLANCHARD.

Ciel ! à notre salut si ta main me destine,
Laisse-m'en tout l'honneur, et permets aujourd'hui
Que le sang de Blanchard satisfasse Henri !

#### ÉDOUARD.

A cet honneur du choix Blanchard devait s'attendre ;

Mais après lui, du moins, chacun peut y prétendre.
(A Blanchard.)
Au salut de nos murs je m'immole avec toi.

### BLANCHARD, présentant son épée.

Excester, recevez ce garant de ma foi.

### ÉDOUARD, donnant aussi la sienne.

Prenez, Milord.

### GUI.

Que vois-je !

### EXCESTER.

O vertu que j'admire !
(Plusieurs Chevaliers tirent spontanément leur épée.)

### BLANCHARD.

France ! vois, sur nos cœurs quel est ton noble empire !
D'une aussi belle mort chacun brigue l'éclat !
Mais Henri ne veut plus qu'un seul assassinat.

### LIVET.

L'honneur m'en appartient. Dieu ! je te remercie !
De la palme des Cieux tu couronnes ma vie !

### CATHERINE.

Jour de deuil et de gloire ! Immortel souvenir !
Va sur l'aile du tems étonner l'avenir.

### EXCESTER.

Henri, pardonne-moi de leur porter envie !
Quel élan généreux ! quel mépris de la vie !
Chevaliers, je ne puis répondre de vos jours,
Mais, au moins, près du Roi, comptez sur mes secours.

## SCÈNE VII.

Les mêmes, hors EXCESTER et WARWICK.

### BLANCHARD.

O peuple de héros ! te voilà libre encore....
Aux armes !... dès demain, au lever de l'aurore !...
Mais, que vois-je ? des pleurs s'échappent de vos yeux !
Ah ! plutôt enviez un trépas glorieux !
Notre sang va couler, mais couler pour la France !
Et c'est là, dans vos cœurs, qu'est notre récompense.
Nous tomberons, du moins, sans connaître un vainqueur,
Et l'échafaud pour nous est l'autel de l'honneur !

### CATHERINE.

Non, vous ne mourrez pas ! D'une telle infamie
Henri ne peut vouloir déshonorer sa vie.

### ÉDOUARD.

Ah ! laissez-nous l'espoir d'un si noble trépas.

### BLANCHARD.

Notre sang doit armer des milliers de soldats ;

Mais, dût tomber l'État sans obtenir vengeance,
La honte de l'Anglais consolerait la France.

(Ils sortent.)

GUI, retenant son fils, à mi-voix.

Édouard....

## SCÈNE VIII.

### GUI, ÉDOUARD.

#### GUI.

Qu'as-tu fait ?

#### ÉDOUARD.

Vous me le demandez !
Mon père ! dans vous-même un instant descendez ;
Un instant...

#### GUI.

O mon fils ! déteste un sacrifice
Qui, pour moi, deviendrait un éternel supplice.
Vis, fais-toi cet effort ; accepte mes secours.

#### ÉDOUARD.

Vivre ! attacher la honte au reste de mes jours !
Vous me le demandez ! Mais dites, ô mon père !
Où fuirait votre fils ? quel exil, quelle terre,
Quels lieux connaissez-vous, où, de tous ignoré,

## ACTE II, SCÈNE VIII.

Il échappât lui-même à son cœur ulcéré ?
Vos secours ! quels sont-ils ?.. Vous vous taisez ! Peut-être
Auriez-vous à rougir de les faire connaître !
Peut-être... Pardonnez une aveugle douleur
Qui, malgré moi, trop loin ose emporter mon cœur !
Pardonnez... Mais je fuis ; mon devoir, tout l'exige.
Puisse ma mort absoudre un père qu'elle afflige !

### GUI.

Sais-tu par quel espoir je me vis entraîné ?
Le tems seul est mon juge, et tu m'as condamné !
Respecte mes secrets, et m'accorde ta vie,
Puisque celle d'un père à la tienne est unie !

### ÉDOUARD.

Vous le voulez. Eh bien ! mon sort est en vos mains !
Disposez-en, Seigneur, et réglez mes destins.
Désavouez Blanchard, et Livet, et moi-même ;
Montrez-nous tout l'éclat d'une vertu suprême.
Le Dauphin et Dailly, non loin de nos remparts,
Ont déjà déployé leurs nobles étendarts :
Ordonnez qu'à l'instant nos phalanges guerrières,
Pour joindre ces héros, franchissent nos barrières ;
D'un perfide envoyé prévenez le retour ;
Faites trembler son maître avant la fin du jour ;
Vous le pouvez : marchez, un peuple va vous suivre,
Et, fier de vos vertus, je puis l'être de vivre.

### GUI.

Tu chéris ta patrie, et, de ma propre main,

Tu m'oses proposer de déchirer son sein !
Je te l'ai dit, mon fils, et le répète encore,
Cette France énervée, au mal qui la dévore
Ne peut plus échapper sans un mortel affront,
Et, pour la relever, il faut courber son front.

ÉDOUARD.

Sur elle osez-vous bien lancer cet anathême !
Mon père, oubliez-vous qu'en un péril extrême,
Il n'est plus de partis, que la haine s'éteint ?
Le déshonneur se montre : on le voit, on le craint,
On s'arme, et, méprisant une mort désirable,
Du plus sublime élan tout un peuple est capable,
Et, les périls du trône exaltant sa vertu,
Fier de tomber pour lui, peut-il être vaincu ?

GUI.

Cède enfin à mes vœux !

ÉDOUARD.

Cédez à ma prière !

GUI.

Ingrat !... C'est trop long-temps exciter ma colère.
Va, fuis !.. mais cette mort où je te vois courir,
Ce trépas glorieux, un mot va le flétrir ;
Ce mot, au peuple encor je puis le faire entendre,
Et c'est lui, malgré toi, lui qui va te défendre :
Par mes soins soulevé pour sauver Édouard,
De sa rébellion j'accuserai Blanchard.

## ACTE II, SCÈNE VIII.

Viens mêler à ses cris ta voix accusatrice,
Viens, tes bourreaux sont prêts, ordonne mon supplice!

### ÉDOUARD.

Tout mon sang, à vos yeux par mes mains répandu,
Peut-être de Blanchard sauvera la vertu.
  ( Avec la plus grande émotion. )
Seigneur, si votre cœur reste sourd à mes larmes,
  ( Hors de lui. )
Gardez-vous d'oublier qu'il est mon frère d'armes !
  ( Avec tendresse. )
Puis-je vous obéir ? mes jours sont-ils à moi ?
Ne le savez-vous pas ? Excester a ma foi,
Et, dût contre l'honneur s'élever la nature,
Édouard, en ce jour, ne sera point parjure !


FIN DU SECOND ACTE.

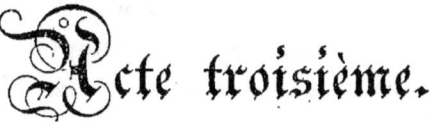

## Acte troisième.

### SCÈNE I.

#### CATHERINE, EXCESTER.

##### CATHERINE.

Je crains de vous entendre. Eh bien! quel est leur sort?
Quel qu'il soit, prononcez. Vous vous taisez, Milord!
Je vous comprends : ainsi, par d'horribles supplices,
Henri de son pouvoir consacre les prémices!
Et, semblable aux tyrans qu'étonne la vertu,
S'il l'osait respecter il se croirait perdu!

##### EXCESTER.

« Qu'ils meurent! a-t-il dit; cependant, en mon ame,
» Un tendre sentiment en leur faveur réclame :
» Je voulais pardonner, on me force à punir ;
» Du moins qu'avec raison l'on puisse me haïr.
Puis soudain il ajoute : « Illustre Catherine!
» Du Français malheureux tu veux donc la ruine?
» Ce peuple de héros, je l'aime autant que toi;
» Règne toujours sur lui, mais commande avec moi.

» Quand sa perte est jurée, en vain ta voix l'anime :
» Des traîtres, sous ses pas, ont entr'ouvert l'abîme.
» Seconder mes efforts, c'est tromper leur espoir ;
» Déjouer leurs complots, c'est remplir un devoir.
» D'un empire ébranlé ressaisissons les rênes ;
» Aux mille factions, que divisent leurs haines,
» Arrachons un pouvoir trop long-temps en leurs mains ;
» Que la France renaisse à de nouveaux destins ! »

### CATHERINE.

Seigneur, ainsi que vous je veux être sincère ;
Vous êtes bien instruit des secrets de ma mère.
Les partis sont puissants ; mon père est malheureux ;
Mais mon frère, son fils, n'est-il rien à vos yeux ?
Et depuis quand, Milord, à l'héritier du trône,
Ose-t-on dénier le sceptre et la couronne ?
Né Roi, comment nommer les généreux exploits
Qui le dépouilleraient de ses biens, de ses droits ?
Osez qualifier leur dessein tutélaire !
Des traîtres, dites-vous, parjures à mon père,
Ingrats à ses bienfaits, indignes de leur nom,
Vils suppôts des Anglais que sert leur trahison,
Promettent à Henri le sceptre de la France !
Mais ce qu'ils ont promis est-il en leur puissance ?
Et, même devant lui s'abaissant les premiers,
Penseraient-ils courber les fronts de nos guerriers ?
Non, Milord ! au Français s'ils faisaient cet outrage,
C'est qu'au leur ils auraient mesuré son courage.
La France aime ses Rois, et, d'un maître étranger,

Repoussera toujours l'opprobre et le danger.
Sans cesse vous parlez de guerres intestines,
De complots factieux, moteurs de nos ruines;
Mais vous, mais votre Roi, ce superbe Henri,
Qu'êtes-vous tous les deux?... que des chefs de parti,
D'adroits conspirateurs, dont l'illustre vaillance
Se borne à des forfaits conçus dans le silence.
Eh quoi! pour satisfaire à votre ambition,
Tout devient-il permis, jusqu'à la trahison?
Si par de tels moyens vous fixez la victoire,
Le crime est donc pour vous le chemin de la gloire?
Et, foulant à vos pieds tous sentimens d'honneur,
Il n'est plus contre vous de pacte protecteur!
Henri m'aime, dit-on: qu'il protège mon père,
Qu'à ses vils ennemis il se montre contraire;
Qu'il me livre leur tête, et je lui tends la main,
Et je m'enorgueillis de cet heureux lien;
Non que, par cet hymen utile à ma patrie,
Je consente à la voir sous son joug asservie;
Elle aura tous mes vœux : épouse de Henri,
J'en formerais encor pour elle et contre lui !
Mais n'est-il que leur chef? les ose-t-il défendre?
Qu'il vienne me chercher dans cette ville en cendre.

### EXCESTER.

J'oublie, en ce moment, le nom d'ambassadeur,
Et ne veux écouter que la voix de mon cœur.
Jouet infortuné de sa lâche famille,
Charles n'a plus d'espoir que dans sa noble fille.

Souffrira-t-elle donc que de vils factieux
Le dépouillent vivant du bien de ses aïeux?
Qu'insolemment assis sur les marches du trône,
Ils s'élèvent soudain et ceignent sa couronne?
Que, des Français trompés tyrans usurpateurs,
Ces lâches, sous ses yeux, aggravent leurs malheurs?
Ah! craignez qu'effrayés du succès de leur crime,
Votre père ne soit la première victime;
Et que, pour s'éviter un reproche odieux,
Ils n'abrègent pour vous des jours si précieux!
Quand il n'est plus monarque, à qui, mieux qu'à vous-même,
Peut-il voir confiés les droits du diadême?
Vous l'aimez: en son nom, au nom de ses sujets,
Prévenez, empêchez d'aussi nombreux forfaits!
Il n'en est qu'un moyen, au trône de vos pères,
Les lois, à cet égard peut-être trop sévères,
Ne vous permettant pas de pouvoir siéger:
Ce trône, avec Henri daignez le partager.
Ah! ne repoussez plus son utile entremise!
C'est Dieu qui, par la main, des bords de la Tamise,
Semble l'avoir guidé pour venger à la fois
Et Charles, et dans lui l'insulte faite aux Rois!
Souffrez donc que par vous il gouverne la France,
Et le rendez plus grand, en forçant sa clémence.

CATHERINE.

Ministre de Henri, retourne vers son camp;
Dresse tes échafauds, abreuve-toi de sang;
Mais tremblez tous les deux! celui de l'innocence
Rejaillira sur vous!... il obtiendra vengeance!

## ACTE III, SCÈNE II.

**EXCESTER.**

Ah ! de ces trois captifs si les jours vous sont chers,
Madame, sauvez-les ! daignez briser leurs fers.
Henri n'est point cruel....

**CATHERINE.**

Audacieux blasphême !
Henri n'est point cruel !!! J'en appelle à vous-même,
A vous de ses forfaits que je crois innocent.
Ne vous souvient-il plus de cet ordre sanglant,
De cet ordre dicté par l'affreuse vengeance,
Qui livrait aux bourreaux des guerriers sans défense ?
Dix mille Chevaliers, dans les champs d'Azincour,
Par cet ordre cruel, périrent en un jour !
Justement effrayé de tant de barbarie,
Tout un peuple, à la fois, déserta sa patrie.
Malheureux ! ils fuyaient, et, bientôt rencontrés,
Femmes, vieillards, enfans, tombèrent massacrés !
A d'infâmes poteaux, inventés pour les crimes,
On l'a vu commander d'attacher ses victimes,
Et souvent, n'écoutant qu'un barbare transport,
Prolonger leurs tourments, pour jouir de leur mort !

## SCÈNE II.

Les mêmes, WARWICK.

**EXCESTER.**

Warwick, que voulez-vous ? Qui vers moi vous amène ?
Que vient-il d'arriver ?

### WARWICK.

Vous le croirez à peine ;
Milord ; honte éternelle à l'Angleterre, à nous,
Si ces nobles captifs expirent sous nos coups !

### EXCESTER.

Warwick, il n'est plus tems : une imprudente audace
Vient de légitimer le coup qui les menace.

### CATHERINE, à Warwick.

Parlez, expliquez-vous.

### WARWICK, à Excester.

Sans leurs soins généreux,
Peut-être qu'en ces murs nous périssions tous deux.
Oui, Seigneur, pardonnez au zèle qui m'anime,
Mais ce vil gouverneur, cet artisan de crime,
Ce Gui, que l'Anglais même apprit à mépriser,
Pour sauver Édouard, nous osait exposer !
Que dis-je ? Il ne voulait, par ce complot funeste,
Que perdre, qu'avilir un héros qu'il déteste,
Et sécher sur sa tombe, avant le coup mortel,
Ce laurier d'un trépas qui doit être éternel !
« Warwick, m'avait-il dit, le péril est extrême :
» Blanchard contre Excester arme en ce moment même;
» Anglais, veillez sur vous ! » Je frémis, et soudain
Tout un peuple sur moi lève un glaive assassin !
Mais Blanchard, indigné d'un secours qui l'offense,

## ACTE III, SCÈNE III.

Lui-même me protège et demande vengeance !
« Qui de mon nom, dit-il, ose invoquer l'appui ? »
Gui paraît : à l'instant tout s'arme contre lui ;
On l'accuse, on l'insulte, on demande sa tête ;
Partout, autour de lui, le fer brille et s'apprête.
Vainement Édouard s'élance... il est trop tard,
Déjà Gui dans son cœur enfonçait le poignard.
Il n'est plus !... et le peuple, affranchi de ce traître,
Pour seul chef veut Blanchard, qui refuse de l'être !

#### EXCESTER.

Venez, et de l'Anglais si l'honneur vous est cher,
Warwick, près de Henri secondez Excester !

## SCÈNE III.

#### CATHERINE, seule.

Grand Dieu ! toi qu'aux vertus on vit toujours propice !
Dieu ! ferme sous nos pas l'horrible précipice !
Dans ton temple assemblés en ce jour solennel,
Daigne jeter sur nous un regard paternel !
D'un ennemi perfide abaisse l'insolence
Sauve, sauve mon père ! et protège la France !

## SCÈNE IV.

#### CATHERINE, ÉDOUARD, Chevaliers, Notables, Peuple.

#### ÉDOUARD, avec une exaltation graduée.

Ah ! prêtez à Blanchard vos généreux secours,

Madame, et malgré lui conservez-nous ses jours !
Opposez votre empire à ses vertus austères !
Et vous, peuple, soldats, chevaliers, vous ses frères,
De vos nobles sermens gardez le souvenir,
Et ne permettez pas qu'on vous l'ose ravir !
Son bras est votre appui, ses jours votre espérance,
S'il protégea ces murs, il peut sauver la France !
Dites-lui, dites-lui : « Tu ne t'appartiens plus,
» Blanchard; ton sang, ton bras, toi-même, tes vertus,
» Sont un bien que sur nous le Ciel daigna répandre;
» Contre toi, s'il le faut, nous saurons le défendre.
» Notre salut au tien semble se rattacher,
» Et de nos bras enfin il faudra t'arracher ! »
Henri !... qu'espérez-vous de ses promesses vaines ?
L'Anglais a soif du sang qui coule dans nos veines.
Alors qu'on lui porta le gage de nos jours,
C'est alors qu'il pouvait nous offrir ses secours;
Alors il était grand, il était magnanime,
Nous pouvions l'admirer, et le pouvions sans crime.
Il nous a condamnés !... Et de honteux pardons,
En rachetant nos jours, feraient rougir nos fronts !
Nous devrions la vie à de lâches prières !
Ah ! ne la devons plus qu'à nos vertus premières !
Si le peuple est vengé, s'il triomphe aujourd'hui,
S'il a privé l'Anglais de son plus ferme appui,
S'il vient de s'expliquer, c'est à nous de l'entendre,
Ce qu'il a fait pour vous, c'est à vous de lui rendre !
Sauvons, sauvons Blanchard !

## SCÈNE V.

### Les mêmes, BLANCHARD.

#### BLANCHARD.

Qu'entends-je? et, malgré moi,
Qui prétend disposer de mes jours, de ma foi?

#### CATHERINE.

Catherine! Blanchard; et gardez-vous de croire
Qu'insensible à l'éclat d'une aussi pure gloire,
Je vous demande rien qui la puisse ternir.
Un guerrier tel que vous meurt et ne peut rougir.
Ce que j'ai réclamé, ce qu'il faut que j'obtienne,
Non par le sang des Rois, mais comme citoyenne,
C'est des périls nouveaux, c'est des secours plus grands
Qu'une mort inutile au salut des Normands!
C'est, enfin, que Blanchard, soutien de la Neustrie,
La défende, la sauve, ou lui donne sa vie!

#### BLANCHARD.

Sainte et douce pitié, n'élève pas tes droits
Jusqu'à faire mentir le pur sang de nos Rois!

#### ÉDOUARD.

La mort m'est un bienfait : je la veux, je l'appelle;
Mon nom est exécré, sa honte est immortelle!
Je suis las d'exister, et vis avec horreur!
Mais à ce nom flétri je puis rendre l'honneur!

Loin de tendre à l'Anglais ma tête obéissante,
Je prétends que pour lui sa chute soit sanglante.
Un noble désespoir arme aujourd'hui mon bras !

### BLANCHARD.

Pour l'État, Édouard, nous marchons au trépas !
A quel mortel heureux, le destin favorable
En daigna-t-il jamais présenter un semblable ?
Ce soir tu peux tomber, et ton nom, confondu
Dans la foule des morts, va s'éteindre inconnu.
Ce que vingt mille ont fait, tout autre peut le faire,
Et la palme de tous n'est qu'un laurier vulgaire.
D'innombrables guerriers sont tombés en héros,
Et dorment oubliés dans l'éternel repos ;
Mais qu'on en compte peu de ceux que la fortune
Sort, élève au-dessus de la foule commune,
Et dont, avec orgueil, sur le sommet des tems,
Elle pose les noms et les faits éclatans !
Eh ! parmi ceux encor dont elle fut l'amie,
Nul aussi noblement n'aura perdu la vie !
C'est le sort de nos Rois, du peuple et de l'État,
Qu'elle daigne, en ce jour, mettre aux mains d'un soldat !
Et, du salut de tous généreuse semence,
Notre sang répandu va germer pour la France !
Aux soldats du Dauphin il joindra nos guerriers,
Et c'est à lui que tous ils devront des lauriers.

### CATHERINE.

Pour les derniers combats que chacun se prépare.

## ACTE III, SCÈNE V.

ÉDOUARD, au peuple.

Allez ! nous vous suivons.

BLANCHARD, à Édouard.

Trop de zèle t'égare.
( Aux guerriers. )
Vous, soldats, demeurez. Pour la dernière fois,
Guerriers, promettez-vous d'obéir à ma voix ?
( On lève la main en signe de soumission. )
Je ne suis point surpris d'autant de confiance :
Amis, j'étais certain de votre obéissance.
Chacun peut à son gré disposer de sa foi,
Et Blanchard ne prétend qu'être maître de soi.
( A Catherine. )
Madame, pardonnez, mais une voix austère,
Sous les drapeaux sacrés de votre auguste frère
Si je m'allais placer, me crierait hautement :
Tu n'es plus un guerrier, tu faussas ton serment !
( Au peuple. )
Seriez-vous donc assez ennemis de ma gloire,
Pour la vouloir charger d'une action si noire ?
Pour prix de mes travaux recevrais-je l'affront
De vous voir imprimer l'opprobre sur mon front ?
Non ; je le vois, amis, déjà votre grande âme
Vous dicte le serment que de vous je réclame !
Jurez donc, jurez donc, par ces nobles héros
Dont la palme immortelle ombrage les tombeaux,
Par le généreux sang de vos fils, de vos frères,

Si noblement versé contre nos adversaires,
De n'oser rien tenter dont je puisse rougir!
Vengez-moi, je le veux : mais laissez-moi mourir!

CATHERINE.

Ne le prononcez pas, ce serment redoutable!...
Si par trop de vertus on peut être coupable,
Vous l'allez devenir. Armez-vous contre lui,
Et ne vous ôtez pas votre plus ferme appui!

ÉDOUARD.

Et toi, cède à nos vœux, cède, je t'en conjure;
Reprends ce fer, reprends...

BLANCHARD.

Vous me faites injure!....
Mais donnez.
(Il pose l'épée sur son cœur.)

ÉDOUARD.

Que fais-tu?

BLANCHARD.

Jurez donc!...

CATHERINE.

Noble Alain!

## ACTE III, SCÈNE VI.

#### BLANCHARD.

Ou j'échappe à la honte en me perçant le sein !

#### LIVET.

Commande.

#### ÉDOUARD.

Tous les deux sommes prêts à te suivre.

#### BLANCHARD.

Je n'en doutai jamais : et même, en osant vivre,
Peut-être qu'à mes yeux vous paraissiez plus grands ;
Vous éleviez l'État plus haut que vos sermens.
(Voyant Warwick.)
Amis, êtes-vous prêts ?

#### ÉDOUARD.

Pourrions-nous ne pas l'être !

## SCÈNE VI.

Les mêmes, WARWICK, Garde anglaise.

#### BLANCHARD, au peuple.

Éloignez-vous.

#### WARWICK.

Madame, aux ordres de mon maître
Il me faut obéir.

## CATHERINE.

Parle... Qu'exiges-tu ?
Que porte cet écrit ? Je tremble !... (Elle lit.)
Qu'ai-je lu ?
Blanchard !... Tenez. O Ciel !
( Elle se couvre les yeux. )

## BLANCHARD, sans lire.

Nobles pleurs ! O patrie !
Que ne puis-je, en ce jour, t'offrir plus que ma vie !
( Il lit. )
« Je consens, à prix d'or, que Livet, Édouard,
» Rachètent leur existence ;
» Et le sang de Blanchard,
» Au glaive abandonné, suffit à ma vengeance. »

## ÉDOUARD.

De quel droit cet Anglais m'offre-t-il ses secours ?
Croit-il donc à son gré disposer de mes jours ?
Quel prix de tes forfaits ! quel outrage à ta cendre !
Gui !... Ton sang ne vaut pas qu'on daigne le répandre !
Mais je suis innocent !... J'abjure ces faveurs,
Ami, je suis tes pas, et tombe si tu meurs !

## LIVET.

Le terme de tes jours est celui de ma vie !

## BLANCHARD.

Vous vivrez : c'est à vous de me porter envie !
Vous le devez, amis, puisqu'avide de biens,
Henri rompt à ce prix vos immortels liens,
Que mon sang lui suffit ! Heureux dans ma misère,
Je puis donc insulter au monarque insulaire !
O noble pauvreté ! de quel brillant éclat
Tu couvres, en ce jour, l'humble front d'un soldat !
Fortune, j'ai toujours méprisé tes largesses,
Mais quand tu me voudrais combler de tes richesses,
Je les repousserais... Ah! plutôt expirer
Que d'empêcher Henri de se déshonorer !

## ÉDOUARD.

Ces mots sont notre arrêt, et nous devons te suivre.

## BLANCHARD.

Blanchard, ô mes amis! vous ordonne de vivre.

## ÉDOUARD.

Pourquoi prétends-tu seul la palme des tombeaux ?
J'ai, plus que toi, des droits au glaive des bourreaux :
Mon père fut parjure, et je vis... Mon supplice
Seul peut redire aux temps si je fus son complice.
Moins à craindre que toi, je puis n'obtenir pas
Ce laurier qui t'est dû, ce glorieux trépas.
Mais dans la tombe, au moins, si je ne puis descendre,
Je rapporte en ces lieux ton immortelle cendre;

J'en fais notre étendart, et Blanchard, après lui,
Vainqueur de ses bourreaux, reste encor notre appui!

### BLANCHARD.

Oui, je puis l'être encor!.. Détaché de la terre,
Je n'y regrette plus qu'une épouse trop chère!
Madame, dans vos bras, daignez la recevoir!
Laissez couler ses pleurs, elle n'a plus d'espoir!
(Avec extase.)
Quelle est cette clarté qui vient frapper ma vue?
La Vérité s'élance, et, du sein de la nue,
Elle daigne à mes yeux dévoiler l'avenir!
Français!... combien de maux il te reste à souffrir!
Henri! tremble : dans peu tu suivras tes victimes!
Oui, l'Eternel t'attend,... il a compté tes crimes!
Que vois-je? ô noble espoir!... Renaissez, ô Français!
Vaincu, loin de vos bords, j'ai donc vu fuir l'Anglais!
Prodige de vertu!... serait-ce vous, Madame?.....
Une femme déploie un nouvel oriflamme!
Son bras s'étend sur nous!... Terrible aux léopards,
Il doit les écraser!... Jusqu'au pied des remparts,
Amis! suivez mes pas : séchez d'indignes larmes!
Et ma tête tombée, aux armes! peuple, aux armes!
(A Édouard.) (A Warwick.)
Viens..... Marchons.....

## SCÈNE VII.

CATHERINE, LIVET, Chevaliers, Notables.

CATHERINE, assise, et dans le plus grand abattement.

(A Livet, qui s'approche.)
Plus d'espoir ! ... Respectez mes sanglots.
Qu'on remette en mes mains les restes du héros !
De lauriers toujours verts que sa tombe couverte,
Atteste à tous mortels nos regrets de sa perte !
(Elle se lève.)
Mais ce n'est point assez qu'un vain tribut de pleurs :
Blanchard, du haut des Cieux, appelle des vengeurs !
Oui, s'il faut qu'à ses maux chacun de nous succombe,
Qu'au pied de ces remparts s'élève notre tombe,
Et que l'histoire dise à la postérité :
Là dort un peuple entier, trahi mais indompté !

# VARIANTES.

# AVERTISSEMENT.

La Tragédie d'ALAIN BLANCHARD, en cinq actes d'abord, avait subi à la censure de nombreuses suppressions qu'il n'a pas été permis de rétablir en la réduisant à trois. Ces *Variantes* ont pour objet de les indiquer ; mais, pour qu'elles aient un sens complet, il m'a fallu y joindre des vers conservés, et d'autres forcément retranchés en conséquence de ces suppressions. Les vers censurés sont imprimés en caractères *italiques*.

J'ai cru céder à de sages critiques en ôtant de mon Ouvrage le rôle d'Amélie, épouse de Blanchard ; mais, à Paris et à Rouen, la scène entre ces deux époux ayant causé une émotion que j'ai pu croire positive, je la rétablis ici.

# ACTE IV,

(DE LA TRAGÉDIE EN CINQ ACTES.)

## SCÈNE II.

### BLANCHARD, seul.

Je ne m'appartiens plus; et ce flambeau sacré
Pour la dernière fois m'aura donc éclairé !
Je suis quitte envers vous, gloire, honneur, patrie !
Mais, quand sans balancer je vous offre ma vie,
Et qu'au devant des coups d'un monarque irrité
Je vole, impatient de votre liberté,
Vous ne blâmerez point de touchantes alarmes,
Et me pardonnerez de répandre des larmes.....
Dieu !... que vois-je ? Amélie !... Ah ! fuyons.....

## SCÈNE III.

### AMÉLIE, BLANCHARD.

#### AMÉLIE.

Réponds-moi :
Dis, est-il vrai, ce bruit qui me glace d'effroi ?...

#### BLANCHARD.

Ne m'interroge pas.

#### AMÉLIE.

A peine je respire !
Au mépris de nos nœuds.....

BLANCHARD.

L'honneur.......

AMÉLIE.

Qu'oses-tu dire ?
L'honneur exigerait que, de ta propre main,
Tu plongeasses, cruel, un poignard dans mon sein ?

BLANCHARD.

Tu déchires mon cœur.

AMÉLIE.

Tu m'arraches la vie !

BLANCHARD.

Mes jours sont à l'État.

AMÉLIE.

C'est le bien d'Amélie !
Tu n'en peux disposer sans manquer à ta foi :
J'ai reçu tes serments, et tes jours sont à moi.
Cet honneur, ton idole, et que ta bouche implore,
Si tu peux l'oublier, il m'en souvient encore,
Au jour de notre hymen tu l'osas attester ;
Tu lui deviens parjure en cessant d'exister !

BLANCHARD.

Epargne-moi tes pleurs : mon ame trop émue
Ne pourrait supporter la douleur qui te tue ;
Je souffre, je te plains : n'exige rien de plus ;
Mes serments.....

AMÉLIE.

Tes serments deviennent superflus ;

## VARIANTES.

Coupables destructeurs de promesses plus pures,
Ils ne sont plus pour moi que d'odieux parjurés :
Pourquoi les as-tu faits ?..... tu ne le pouvais pas.

### BLANCHARD.

Pouvais-je refuser cet immortel trépas ?
A quel soldat heureux le destin favorable
En daigna-t-il jamais présenter un semblable ?
Ce soir j'eus pu tomber, et mon nom inconnu
Dans la foule des morts demeurait confondu ;
Ce que vingt mille ont fait tout autre peut le faire,
Et le laurier de tous n'est qu'un laurier vulgaire.
D'innombrables guerriers sont tombés en héros,
Et dorment oubliés dans l'éternel repos !
Mais qu'on en compte peu de ceux que la Fortune
Sort, élève au-dessus de la foule commune,
Et dont, avec orgueil, sur le sommet des tems,
Elle pose les noms et les faits éclatans !
Et, parmi ceux encor dont elle fut l'amie,
Nul aussi noblement n'aura perdu la vie !
C'est le salut de tous, c'est le sort de l'État
Qu'elle daigne, en ce jour, mettre aux mains d'un soldat.
*Oui ! de la liberté généreuse semence,*
*Notre sang répandu va germer pour la France !*
Aux soldats du Dauphin il joindra nos guerriers,
Et c'est à lui que tous il devront des lauriers !
O toi que je regrette au terme de la vie,
Qui peut-être en mon cœur balances ma patrie,
Toi qu'à tout je préfère, et l'honneur seul à toi,
D'un noble sacrifice impose-toi la loi !
Sois fière d'une mort à nulle autre seconde,
Qui peut, dans l'avenir, servir d'exemple au monde ;

Et, veuve de Blanchard, que ton nom respecté
S'unisse encore au mien dans la postérité. *

AMÉLIE.

Que ne m'ordonnes-tu d'armer la main impie
Qui doit trancher le cours d'une aussi chère vie !
Le cruel ! c'est à moi qu'il demande la mort !
C'est moi qu'il établit l'arbitre de son sort !.....
Moi diriger le fer !... Moi servir ton attente !
Tu vivras..... et le peuple, à ma voix défaillante,
Contre toi réuni..... Pardonne, cher époux !
Adoucis ce regard, cache-moi ton courroux !.....
Quand la vertu t'élève au-dessus de toi-même,
Immole donc, cruel, une épouse qui t'aime !
Je suis prête : arme-toi..... frappe, voilà mon sein.....
Tu frémis !

BLANCHARD.

O douleur !

AMÉLIE.

Je guiderai ta main.

BLANCHARD.

Qu'oses-tu demander ?

AMÉLIE.

Tu respectes ma vie,
Et tu m'oses prescrire une longue agonie !
J'approuve tes desseins : je ne les combats plus ;
Mais frappe, et de mes jours cèle tant de vertus.

---

* Toute chose n'est bien qu'à sa place, et c'est toujours avec désavantage qu'on la transpose. Ces vers, que j'ai voulu conserver, en sont peut-être une nouvelle preuve.

# VARIANTES.

Oui, tu dois à nos murs ta sublime existence ;
Meurs, ton sang généreux appartient à la France :
Meurs ! oui, meurs !.... j'y consens, je le veux, tu le dois ;
Mais du moins à mes vœux cède encore une fois !
Prends pitié d'Amélie, ôte-lui la lumière,
Et me sauve l'horreur de ton heure dernière !

### BLANCHARD.

Ta tendresse....

### AMÉLIE.

    Est vertu, puisqu'enfin, comme en toi,
De la mort en mon sein elle a détruit l'effroi.

### BLANCHARD.

Ma gloire est de mourir.

### AMÉLIE.

    La mienne est de te suivre.

### BLANCHARD.

Tu pourrais me venger.

### AMÉLIE.

    Je ne puis te survivre !
Et ce bras, quoique faible, à défaut de ta main,
A des jours malheureux saura bien mettre fin.

### BLANCHARD.

Dieu ! j'entends quelque bruit !...

### AMÉLIE.

    D'un mot rends-moi la vie !

Parle.

BLANCHARD.

On vient !...

AMÉLIE.

Ah ! réponds.....
( Elle voit Excester, court à lui et s'écrie : )
Excester !...

BLANCHARD.

Amélie !

Venez : je vous l'ordonne.....

## ACTE I.

### SCÈNE II.

#### GUI, ÉDOUARD.

##### EDOUARD.

............................

De généreux vieillards, d'intrépides enfants,
Qui, sans doute oubliant la faiblesse de l'âge,
Ou plutôt n'écoutant que leur noble courage,
De la lance pesante avaient armé leur bras,
Et brûlaient, avec nous, d'affronter les combats ;
*Bien plus !.... ô noble élan ! amour de la patrie !*
Quel est votre pouvoir sur une ame ennoblie !

............................

### SCÈNE VI.

#### LIVET, GUI, CATHERINE, BLANCHARD, EDOUARD, ALFRED, Notables, Chevaliers.

##### CATHERINE.

Ils ne prévoyaient pas qu'ébloui de sa gloire,
Henri voudrait alors poursuivre sa victoire,
Et que bientôt, en maître, il dicterait des lois
*A ces grands avilis qui lui vendaient nos Rois !*
On l'appelle, il accourt : et nos villes séduites,

Nos remparts désarmés, nos phalanges détruites,
De nombreuses cités vides de citoyens,
Lui permettent déjà d'effrayer ses soutiens :
On tremble ; il est trop tard. Vers Lutèce flétrie
Volent les députés de la fière Neustrie :
Par le récit trop vrai de nos affreux malheurs,
Livet subjugue, émeut, entraîne tous les cœurs.
Charle attendri se tait : quelques Français soupirent ;
Mais Philippe et la Reine indignés se retirent ;
Il les ose arrêter : « Épouse de mon Roi,
« Et vous Prince, dit-il, tous deux écoutez-moi ;
» Vous le devez : au nom de l'honneur, de la France,
» Je réclame en ces lieux votre auguste présence.
» *Si le ciel en vos mains déposa le pouvoir,*
» *De protéger le peuple il vous fit un devoir ;*
» *Ce peuple est en péril : oui, la France envahie*
» *N'a d'espoir désormais qu'en la seule Neustrie :*
» Du superbe Henri, partout victorieux,
» Seule elle arrête encor les pas audacieux ;
» Mais de tant de guerriers, que soutient leur courage,
» J'ai vu faiblir les bras fatigués de carnage ;
» Et, par d'horribles maux écrasés chaque jour,
» S'ils ne sont secourus, ils tombent sans retour !
» Laissera-t-on périr cette élite immortelle ?
» Prétend-on la punir d'oser rester fidelle ?
» Princes, vous m'entendez : Sire, ordonnez enfin
» Que ce peuple indompté change notre destin :
» Ordonnez de l'Anglais et la perte et la honte !
» Ses succès furent prompts, que sa fuite soit prompte !
» *Dix mille chevaliers, aux Normands réunis,*
» *Vont purger vos États d'insolents ennemis ;*
» *Mais s'il faut qu'un refus trompe mon espérance,*
» *De ces fiers Neustriens redoutez la vengeance !*

# VARIANTES.

» *Ils abhorrent l'Anglais, et de son joug honteux*
» *Ils poursuivraient l'affront sur vous, sur vos neveux!*
» *Ils l'ont tous juré, Sire : et, dût tomber ma tête,*
» *De ce noble serment j'ose être l'interprète.* »
Il dit : et des secours sont à l'instant promis.....
Il part..... et revient seul contre nos ennemis !

### GUI.

..............................................
Je consens à me taire, à ne vous plus parler
Des malheurs qui sur nous semblent s'amonceler ;
*Par de-là ces remparts tout pour moi cesse d'être ;*
*Je ne vois plus un Roi, vain fantôme peut-être,*
*Qui, frappé de vertige et dès-lors affaibli,*
*Ne pouvant commander, ne peut être obéi.* *

## SCÈNE VII.

### LES MÊMES, ARTHUR.

#### BLANCHARD.

Vous le voulez ?.... Eh bien ! écoutons cet Anglais.
*Cependant préparons cette nuit immortelle ;*
*Et que des feux du jour la première étincelle,*
*Aux flammes de nos murs unissant sa clarté,*
*Eclaire notre tombe ou notre liberté.*

---

\* Ces vers, permis dans la Tragédie en cinq actes, et par conséquent dits à Paris et deux fois à Rouen, ont été supprimés dans la même pièce réduite à trois.

## SCÈNE VIII.

#### GUI, ALFRED.

##### GUI.

Catherine elle-même, en ces murs amenée
Pour y serrer les nœuds d'un auguste hyménée,
Se refuserait-elle à d'aussi hauts destins,
Si du jeune Dauphin ils servaient les desseins ?
Et, par haine des siens, à leurs désirs contraire,
A-t-elle d'autre but que de venger son frère ?
*Serons-nous donc toujours victimes de ces grands,*
*Tour-à-tour nos flatteurs et nos lâches tyrans ?*
*Comme toi je gémis qu'une main étrangère*
*Nous soit indispensable autant que tutélaire,*
Mais l'Etat ébranlé ne peut se soutenir,
Et c'est le conserver que d'oser l'asservir !

# ACTE II.

## SCÈNE V.

#### GUI, EDOUARD, CATHERINE, BLANCHARD, LIVET.

##### GUI.

Qu'on assemble mes pairs ; que mon accusatrice,
En prouvant mes forfaits, demande mon supplice,
J'y consens, je le veux ; c'est à leur tribunal
Qu'à de vils délateurs je puis être fatal.
*Et toi, peuple facile et qu'on trompe sans cesse,*
*S'y trouvant enhardi par ta propre faiblesse,*
Écoute et juge-moi.

## VARIANTES.
## SCÈNE VI.

#### Les mêmes, EXCESTER, WARWICK.

##### BLANCHARD.

Nous sommes épuisés, j'en conviens; mais, Milord,
Il nous reste à tenter un magnanime effort.
*Pour vous-même, en ces lieux, peut s'entr'ouvrir la tombe.*
*Avant que d'expirer quand un peuple succombe,*
*Vous apprendrez, Anglais, tout ce qu'il peut oser !*
*Au dernier désespoir tremblez de l'exposer !*

## SCÈNE VII.

#### Les mêmes, hors EXCESTER et WARWICK.

##### CATHERINE.

Non, vous ne mourrez pas! d'une telle infamie
Henri ne peut vouloir déshonorer sa vie !
*Si la honte des Rois naît pour ne plus finir,*
*Monarque, il appartient aux siècles à venir,*
*Et ses fils, ses neveux maudiraient sa mémoire,*
*S'il léguait un tel crime au burin de l'histoire !*

## SCÈNE VIII.

#### GUI, ÉDOUARD.

##### EDOUARD.

. . . . . . . . . . . . . . . . . . . . . . . . . . . . . . . . . . . .
Le déshonneur se montre : on le voit, on le craint,
On s'arme, et, méprisant une mort désirable,
*Le désespoir de tout rend un peuple capable ;*
Seul il est son appui, sa force et son secours :
Qui peut périr est libre, et le sera toujours !

## ACTE III.

### SCÈNE I.

CATHERINE, EXCESTER.

CATHERINE.

. . . . . . . . . . . . . . . . . . . . . . . . . . . . . . . . . . . . . . . . .

Des traîtres, dites-vous, parjures à mon père,
Ingrats à ses bienfaits, indignes de leur nom,
Vils suppôts des Anglais que sert leur trahison,
Promettent à Henri le sceptre de la France !
Mais ce qu'ils ont promis est-il en leur puissance ?
*Ces grands enorgueillis de leurs titres pompeux,*
*Qui, peut-être ignorés sans leurs nobles aïeux,*
*Dans l'ombre acheveraient leur obscure carrière,*
*Pensent-ils être, en eux, la France toute entière ?*
*Et que, devant Henri s'abaissant les premiers,*
*Ils courberaient ainsi les fronts de nos guerriers ?*
Non, Milord, au français s'ils faisaient cet outrage,
C'est qu'au leur ils auraient mesuré son courage.
La France aime ses Rois ; mais, dût-elle en changer,
On la verrait encor repousser l'étranger !

### SCÈNE V.

CATHERINE, BLANCHARD, LIVET, ÉDOUARD, Peuple.

BLANCHARD.

C'est le salut de tous, c'est le sort de l'Etat,
Qu'elle daigne en ce jour mettre aux mains d'un soldat, *

---

* La Fortune.

# VARIANTES.

*Oui, de la liberté généreuse semence !*
*Notre sang répandu va germer pour la France,*
Aux soldats du Dauphin il joindra nos guerriers,
Et c'est à lui que tous ils devront des lauriers !

## SCÈNE VII ET DERNIÈRE.

### CATHERINE, LIVET.

#### CATHERINE.

. . . . . . . . . . . . . . . . . . . . . . . . . . . . . . . . . . . . . .
Et s'il faut qu'à ses maux chacun de nous succombe,
Qu'au pied de ces remparts s'élève notre tombe;
*Et que l'histoire dise à la postérité :*
*Là dort un peuple entier mort pour sa liberté !*


FIN DES VARIANTES.